Le bibliobus

CP/CE1
cycle 2

Vivre ensemble

- Roberto le Gitan
- Comptines
- Carréville
- L'Anniversaire de Caroline

Corinne ALBAUT

Notes de **Pascal Dupont**
Formateur IUFM Midi-Pyrénées

HACHETTE
Éducation

Édition : Véronique Bourgain
Fabrication : Isabelle Simon-Bourg
Illustrations : Thomas Baas, Michel Boucher,
Christelle Lardenois, Ghyslaine Vaysset
Illustration de la couverture : Alain Boyer
Création de la couverture : Laurent Carré, Estelle Chandelier
Réalisation de la couverture : Créapass Paris
Maquette intérieure : Laurent Carré, Michaël Funck
Réalisation : Créapass Paris
Relecture : Jean-Pierre Leblan
Photogravure : Nord Compo

ISBN : 978-2-01-117389-8

43, quai de Grenelle - 75905 Paris Cedex 15.
www.hachette-education.com

AVANT-PROPOS

De la littérature, pour quoi faire ?

Le cycle 2, cycle des apprentissages fondamentaux, est le moment où se construit le socle de la réussite scolaire. Il doit permettre à chaque élève d'accéder à la lecture et à l'écriture tout en se familiarisant avec leur dimension culturelle sans laquelle tout apprentissage demeurerait décontextualisé et vide de sens. Ouvrir aux enfants la porte de la littérature, c'est les introduire dans des univers imaginaires, leur permettre de répondre à des questions existentielles à travers des œuvres de fiction, susciter leur curiosité et leur appétit d'apprendre.
À partir de ces références littéraires, les élèves se constitueront des premiers repères qui entreront en résonance avec les expériences et les lectures à venir.

Quelles œuvres choisir ?

Le bibliobus Hachette propose aux jeunes lecteurs des œuvres intégrales de littérature de jeunesse propres à nourrir leur réflexion, à faire naître des interrogations, et qui sont adaptées à leur connaissance de la langue, à leurs compétences de lecture et de compréhension.
Elles ont été choisies parmi les œuvres du patrimoine, le fonds de littérature de jeunesse des Éditions Hachette Jeunesse, Rageot Éditeur et des manuscrits inédits.

Devenir lecteur

Dans le prolongement de l'école maternelle, la lecture régulière de contes, d'albums et de premiers romans destinés aux jeunes enfants

est un élément décisif de la construction d'un comportement de lecteur.
Il convient donc, avant tout, d'écouter et de lire beaucoup d'histoires.
L'enseignant conduit les élèves à reformuler le texte, à en repérer les étapes, à tenter d'anticiper, à débattre de son contenu.
Il les aide à tisser des liens entre l'œuvre abordée et d'autres récits.

La littérature à l'école

Apprendre à lire, c'est mettre en jeu en même temps deux compétences très différentes : identifier des mots et comprendre un texte.
Le plus souvent, les apprentis lecteurs ne maîtrisent pas encore suffisamment les automatismes du déchiffrage pour accéder seuls à des œuvres posant de véritables problèmes de compréhension.
Les manuels d'apprentissage reflètent cette situation en ne proposant que des textes courts et peu complexes sur le plan narratif.
Il est donc nécessaire de présenter, en complément des supports d'apprentissage, des œuvres de littérature de jeunesse pour développer les compétences et les stratégies de compréhension.
Les nombreuses lectures à haute voix des enseignants, parents, médiateurs du livre, favoriseront l'accès de chaque enfant au monde de l'écrit. L'habitude de fréquenter des livres deviendra progressivement une culture.

Pascal Dupont
Formateur à l'IUFM Midi-Pyrénées

Corinne ALBAUT

Roberto le Gitan

Illustré par Thomas Baas

Le lundi matin, dans la classe de François, chacun raconte ce qu'il a fait pendant son week-end. On n'est pas obligé de tout raconter, bien sûr, seulement les choses importantes, inhabituelles, amusantes, même parfois tristes. C'est ce que François appelle « l'heure du raconte ». Un moment où chacun peut avoir la parole et où les autres écoutent celui ou celle qui parle.

inhabituel : qu'on ne fait pas souvent

particulier : qui n'est pas ordinaire

Ce matin, il y a quelque chose de particulier dans la classe, ou plutôt quelqu'un de particulier. On ne l'a jamais vu. C'est un garçon avec des cheveux noirs bouclés et des yeux presque aussi noirs que ses cheveux.
Le maître l'a présenté aux autres élèves :

un gitan : un bohémien, une personne nomade qui vit en allant d'un endroit à l'autre

compter sur : faire confiance

« Voici Roberto. Il est gitan et c'est un enfant "du voyage". Il va rester avec nous pendant deux semaines. Je compte sur vous pour bien l'accueillir. »

Roberto s'est assis au fond de la classe, à une table tout seul, et n'a pas dit un mot.

Les enfants ont commencé à raconter leur week-end.

Sofia a demandé la parole en premier. Elle ne pouvait plus attendre. Il fallait qu'elle fasse part à ses camarades d'un grand évènement, même si la plupart étaient déjà au courant.

faire part : raconter

Samedi, une petite fille était née dans la famille de Sofia. Une petite sœur appelée Cindy. Elle était allée voir sa maman et le bébé à la maternité. Ça ne ressemblait pas du tout à une petite sœur, mais plutôt à une poupée un peu rouge, un peu plissée, avec un tout petit peu de cheveux sur la tête.

Elle ne savait même pas parler ni marcher. Elle était toute petite et pleurait en ouvrant tout grand une bouche sans dents.
Heureusement, dans la classe, plusieurs enfants avaient déjà des petites sœurs ou des petits frères et chacun put donner son avis.
C'était la nouvelle la plus importante.

Ensuite, d'autres élèves racontèrent leurs séances de sport : ping-pong, handball, escrime, danse. Certains avaient passé deux jours à la campagne, à se promener, faire du vélo, aller à la pêche. Et puis, il y avait ceux qui n'avaient rien fait de spécial, à part regarder la télévision. Et les enfants qui avaient eu des activités essayaient, comme chaque semaine, de leur donner des idées.

spécial : qui sort de l'ordinaire

Enfin, arriva le tour de Roberto. Il n'avait toujours rien dit. Voyant qu'il ne parlerait pas de lui-même, le maître s'adressa à lui :
« Et toi, Roberto, qu'as-tu fait pendant ces deux jours ?
– Comme d'habitude, marmonna le garçon d'un air méfiant.
– Qu'est-ce que tu fais d'habitude ? poursuivit François.
– Ben, le cirque !
– T'es allé au cirque ? s'exclama Fabien.
– Non, je vis dans un cirque. C'est pour ça que je suis là pour deux semaines. Après, on ira ailleurs. »

marmonner : parler entre ses dents

une roulotte : une habitation tirée par un cheval

d'un ton agressif : violemment

Il y eut un silence dans la classe. On sentait que les enfants étaient surpris par cette situation vraiment très très spéciale.

« C'est comment… de vivre dans un cirque ? demanda Cécile. Tu habites dans une roulotte ?

– C'est une caravane, répliqua Roberto d'un ton plutôt agressif.

– Mais c'est passionnant, intervint François. Roberto, est-ce que tu veux bien nous expliquer un peu ta vie ? C'est très différent de ce que nous connaissons.

– Justement, ça n'a rien à voir, répondit le garçon. Vous ne pouvez pas comprendre, vous, avec vos cours de sport, vos maisons de campagne… »

Une toute petite voix s'éleva alors. C'était celle de Marine, qui, la plupart du temps, restait silencieuse dans son coin.
« Roberto, je voudrais bien que tu nous racontes. Moi, le samedi et le dimanche, je suis toute seule chez ma mamie, parce que mes parents travaillent au restaurant. Et ma mamie, elle a du mal à marcher. Alors on ne fait pas grand-chose. J'aimerais tellement savoir comment c'est quand on vit dans un cirque. »
Toute la classe s'est retournée vers Marine. C'est la première fois qu'elle parle autant.

Roberto regarde la fillette, son air timide et ses nattes blondes, et soudain il se met à raconter, tout spécialement pour elle :
« Un cirque…, commence-t-il, un cirque, c'est une grande famille. Il y a beaucoup de monde : tous les artistes, les musiciens et aussi les techniciens, et puis les animaux. On habite dans des caravanes et on se déplace tous ensemble.
Moi, je vis avec mon père qui est dresseur de fauves, ma mère trapéziste, et ma grande sœur contorsionniste.

un technicien :
une personne qui installe du matériel

un fauve :
un grand animal sauvage carnivore comme le lion ou le tigre

un trapéziste :
un acrobate qui fait des voltiges

un contorsionniste :
un acrobate capable de se tordre dans tous les sens

– Ça veut dire quoi ? demande Ryan.

– Ça veut dire qu'elle est tellement souple qu'elle arrive à se replier dans une boîte. Et aussi qu'elle fait des figures incroyables, en passant ses jambes par-dessus ses bras, sa tête entre ses pieds… Il y a des fois où je ne vois vraiment pas comment elle va se remettre à l'endroit ! »

La classe est suspendue à ses lèvres. Roberto, voyant que tout le monde l'écoute, a pris de l'assurance.

être suspendu aux lèvres de : écouter avec beaucoup d'attention

prendre de l'assurance : prendre confiance en soi

« Et toi, qu'est-ce que tu fais ? l'interroge Kalim.
– Moi, dit le petit gitan en se redressant, je jongle.
– Oh, je sais le faire moi aussi, le coupe Sandra, avec trois balles en même temps, mais pas longtemps.
– Moi, c'est avec des massues faites exprès pour jongler, se rengorge Roberto. J'en suis à cinq sans problème et je commence à me débrouiller avec sept. »
Un silence admiratif s'est installé dans les rangs. Tout le monde est épaté.

une massue : un gros bâton avec un bout plus épais que l'autre

se rengorger : prendre un air fier

épaté : stupéfait, très surpris

interroger : demander

« Et vous voyagez beaucoup ? interroge le maître.
– Toute l'année. Quelquefois on reste une semaine dans une ville, quelquefois un mois. Ici, ce sera deux semaines. Mes parents m'ont acheté une carte de France que j'ai collée au-dessus de mon lit. Et je mets un point rouge sur tous les endroits où on va. Comme ça, j'apprends la géographie !

– Et quand vous arrivez quelque part, vous savez toujours où vous installer ? demande Marine.
– Bien sûr. Tout est organisé avant. L'emplacement, la nourriture pour les animaux. Heureusement, parce que, à peine posé, tout le monde se met au travail. Il n'y a pas de temps à perdre. Il faut aider les techniciens à monter le chapiteau. Tout le monde s'y met. La tente, les chaises, la piste, tout doit être prêt pour le spectacle.

un chapiteau : une grande tente où ont lieu les spectacles de cirque

– T'as dit que tu avais des animaux, reprend Robin. Moi aussi. Chez nous, on a deux chiens. »
Roberto se met à rire :
« Au cirque, il y a quatre lions, un tigre, deux éléphants, sans compter les chevaux !
– Et… tu… enfin je veux dire… tu peux les toucher ? se hasarde la petite voix de Marine, impressionnée.
– Seulement un des lions, les éléphants, et les chevaux bien sûr. Les autres sont trop dangereux. Mais mon père, lui, il les touche. Normal, c'est lui qui les a dressés. Malgré ça, il s'est déjà fait griffer plusieurs fois.

dresser : habituer un animal à obéir

dur : difficile

– C'est pas trop dur de changer tout le temps de ville ? s'inquiète Bruno.

– Un peu si. On n'arrive pas à se faire de copains. Et si on s'en fait, on les quitte aussitôt. Mes seuls amis, c'est ceux du cirque.

s'en sortir : y arriver

– Et comment tu t'en sors avec l'école ? intervient François, le maître.

– C'est ma grand-mère qui m'apprend à lire et à écrire. Elle est trop âgée pour faire du trapèze maintenant, alors elle a le temps. Et puis je vais dans les écoles où on se trouve, comme ici. Et quand j'aurai l'âge d'aller au collège, je suivrai des cours par correspondance.

des cours par correspondance : des cours envoyés par la poste

– Mais tu vas devenir un artiste de cirque, toi aussi ? demande Agathe.
– Bien sûr ! Je suis encore trop jeune pour la piste. Mais je m'entraîne beaucoup. Pour le moment, je participe comme je peux : je ramasse les accessoires des clowns, j'aide à installer le matériel des acrobates. Mais mon père dit que je suis vraiment doué pour le jonglage. Encore quelques années et je me lance ! »
Les enfants sont tellement captivés qu'ils n'ont même pas entendu la cloche de la récré. De toute façon il pleut. Ils sont mieux dans la classe, à écouter Roberto.

une piste : espace circulaire où se déroule le spectacle du cirque

être doué : avoir des qualités pour faire quelque chose

se lancer : réaliser son projet

captivé : passionné

être à bout de questions : ne plus avoir de questions

Lorsqu'ils sont à bout de questions, Marine reprend la parole :
« Roberto, tu pourrais jongler pour nous ? On a des balles dans le coffre de jeux.
– Oui, si tu veux ! »

Le garçon choisit cinq balles de couleur et commence à les envoyer en l'air, à les faire sauter, danser, dans un sens, dans l'autre. Lui-même tourne avant de les rattraper, les fait passer sous ses jambes, dans son dos. C'est un enchantement.

c'est un enchantement : c'est merveilleux

La classe applaudit de toutes ses forces.

« Si vous voulez, demain, j'apporterai mes massues. C'est beaucoup mieux.
– Oh oui, oh oui ! Les massues, les massues !...
– Et si vous voulez aussi… mon père me l'a déjà proposé, mais je n'ose jamais le faire : je peux vous inviter tous au cirque, mercredi après-midi. »

du délire : l'enthousiasme

C'est du délire dans la classe.
Tout le monde bat des mains, crie de joie.
Le maître a toutes les peines du monde à rétablir le calme.

la star :
la vedette

Roberto est devenu la star de la classe. Et même s'il n'est là que pour quelques jours, c'est sûr que ses petits copains ne l'oublieront jamais.

Corinne ALBAUT

La Farandole des prénoms
La Photo de classe
Le Carnaval
Bisou et Coquin

Comptines illustrées
par Michel Boucher

La Farandole des prénoms

Est-ce que tu t'appelles Théo ?

Alors c'est peut-être James ?

Est-ce que tu t'appelles Marianne ?

Alors peut-être Helga ?

Est-ce que tu t'appelles Bruno ?

Alors peut-être Luigi ?

Est-ce que tu t'appelles Juliette ?

Alors peut-être Natacha ?

Et moi connais-tu mon nom ? Non !
Veux-tu être mon ami ? Oui !
Je m'appelle… Mélanie
(dire son propre prénom)

La Photo de classe

Sur la photo de classe
il y a des visages clairs,
des visages couleur café
et d'autres entre les deux.
Il y a des yeux verts,
des yeux brun foncé
et puis des yeux bleus.

Sur la photo de classe
il y a des cheveux blonds,
des cheveux marron,
d'autres couleur charbon,
en brosse ou en couettes,
raides comme des baguettes
ou frisés comme des moutons.

couleur charbon : noir

Mais sur la photo de classe,
ce qu'on voit le mieux,
c'est de grands sourires joyeux !

Le Carnaval

Le carnaval est terminé,
tout le monde s'est bien amusé.

« Moi, dit Édouard
derrière ses lunettes noires,
je n'ai rien vu
mais j'ai tout entendu :
musique, chansons, sifflements,
tambours et pétards,
cris et applaudissements,
roulements de chars…
Quelle fête magnifique !

L e

– Moi, raconte Julien
en agitant ses mains,
je n'ai rien entendu
mais j'ai tout vu :
les décors de fleurs,
les rubans de couleur,
les masques, les costumes,
les confettis, les plumes…
Quel spectacle magique ! »

Bisou et Coquin

Bisou, le caniche,
frisettes bien peignées
et manteau écossais,
vit dans un quartier riche.
Il s'ennuie et pleurniche.

une frisette : une petite boucle

pleurnicher : pleurer sans raison

Coquin, le chien perdu
au poil tout en bataille,
a fait une trouvaille
juste au coin de sa rue :
un gros os bien dodu.

en bataille :
mal peigné

une trouvaille :
une découverte

Lorsque Bisou l'aperçut,
il sauta par-dessus
la barrière du jardin
et courut vers Coquin
pour lui voler son bien.
Ils aboyèrent, se disputèrent,
crocs pointus et pattes en l'air.
Mais quand on les retrouva enfin,
ils étaient tous deux en train
de partager le festin :
ils étaient devenus copains.

son bien :
ce qui lui appartient

des crocs :
des dents pointues

un festin :
un bon repas

Corinne ALBAUT

Carréville

Illustré par Christelle Lardenois

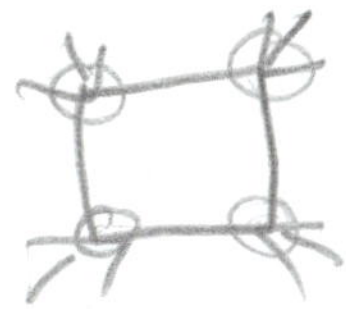

À Carréville, il n’y a que des carrés, tout droits, avec quatre angles et quatre côtés. Les habitants sont faits de carrés assemblés et aussi de rectangles. Ils habitent dans des maisons carrées, avec des fenêtres carrées. Les rues de la ville se coupent à angles droits et sont recouvertes de pavés.

un angle : endroit où se rejoignent deux côtés

assemblés : placés les uns à côté des autres

Pour marcher, les Carrés posent leurs gros pieds carrés bien à plat sur les pavés. Pour courir, c'est un peu plus difficile. Ils préfèrent glisser, comme s'ils étaient sur des patins.

un pavé : un bloc de pierre utilisé pour le revêtement des rues

Les jeux favoris des enfants sont les dés qu'ils s'amusent à lancer, les cubes qu'ils jouent à empiler. Les plus grands ont des livres et des cahiers dans lesquels ils écrivent des petits signes en forme de coins.

empiler : mettre les uns sur les autres

accompagné de : avec

Pour les repas, ils mangent des steaks hachés, des poissons panés, des fromages frais, tous de formes carrées, accompagnés de biscottes. Les desserts et les goûters sont composés de toutes sortes de biscuits carrés.
Et le soir, ils s'endorment sur leurs oreillers carrés.

C'est ainsi que se déroule la vie à Carréville.

Carrendule, un petit garçon de Carréville, aperçoit un jour en levant les yeux un drôle d'objet dans le ciel.

drôle de : étonnant

« Qu'est-ce que c'est que ça ? se dit-il. Ça a une forme bizarre. »
L'objet s'approche de la Terre. Plus il s'approche, plus il grossit. Carrendule plisse les yeux pour mieux voir.

plisser : fermer à demi

C'est sûr : c'est quelque chose qui ne vient pas d'ici ! On n'a jamais vu ça. Ce n'est pas un carré, c'est… c'est quoi au fait ? Ce n'est pas droit. Ça tourne.

Serait-ce par hasard un de ces ronds dont il a lu des histoires dans ses livres ?

L'objet s'est posé sur le sol, au beau milieu d'un pré carré.

un pré : un champ

Carrendule fait quelques pas en direction de la chose, un peu inquiet, mais très curieux.

Voilà qu'un personnage sort de l'engin. Il n'est pas carré non plus. Ça a l'air d'être un enfant, mais un enfant avec des formes qui tournent elles aussi. Un enfant rond.

Il regarde autour de lui, l'air étonné, et aperçoit Carrendule.

ça ne tourne par rond : ça ne va pas bien

une montgolfière : un ballon muni d'une nacelle qui s'élève dans l'air grâce à de l'air chaud

« Salut ! Dis donc, on dirait que ça ne tourne pas rond par ici !
– Euh, salut ! Je m'appelle Carrendule. Et toi ?
– Mon nom, c'est Bouly. Tu vois : je ressemble à une boule !
– Une boule, qu'est-ce que c'est ? C'est ce drôle de machin d'où tu sors ?
– Ça, c'est une montgolfière. Mais tu as raison : elle est ronde comme une boule.
– Et tu viens d'où ?
– D'une petite île ronde, assez loin d'ici. J'avais envie de voyager et j'ai décidé de faire un tour en l'air. C'était super ! Tu veux essayer ?

– Non, pas maintenant, dit Carrendule. Tout ça est trop bizarre.
– Toi aussi tu es bizarre. Je suis peut-être rond, mais toi tu es tout pointu !
– Je suis comme tout le monde. Ici, on est tous comme ça.
– Et chez moi, on est tous comme moi. »

ébahi : très surpris

pratique : facile

Bouly se met à rouler et vient se placer devant Carrendule.
Celui-ci le regarde ébahi :
« Mais… tu ne marches pas !
– Eh non, tu vois : je roule. C'est très pratique. Si tu veux, je t'apprendrai… quoi que… ça va être difficile pour toi, avec tous ces angles. Ça ne fait rien, j'ai plein de jeux dans ma montgolfière. Attends, je vais les chercher. »
Bouly repart vers son engin volant en roulant et il ressort au bout d'un moment.

« Regarde ce que j'ai apporté. On va pouvoir s'amuser ! Ce sont des billes. On les fait rouler par terre, sur des circuits. Tiens, et ça, c'est un ballon. Je te le lance et tu dois l'attraper ! »

Il envoie le ballon à Carrendule qui le reçoit en plein dans le ventre.

« Ben, qu'est-ce que tu fais ? Je te dis de l'attraper !

– Euh, je ne sais pas, répond le petit bonhomme carré. Je n'ai jamais joué avec un truc comme ça !

– Oh, là, là, quel dégourdi ! Regarde et fais comme moi ! »

quel dégourdi : quel empoté, quel maladroit

Il envoie à nouveau le ballon en direction de Carrendule. Cette fois, celui-ci a compris. De son gros pied carré, il shoote dans la balle et l'expédie vers Bouly. La partie est engagée. Ils s'amusent comme des fous.

shooter : tirer

expédier : envoyer

récupérer : rattraper

dévaler : descendre à toute vitesse

Mais voilà que le ballon s'est envolé très loin. Bouly roule, roule, pour le récupérer. Il ne voit pas que la rue descend. Et soudain, il se met à dévaler la pente, sans pouvoir se retenir ni s'accrocher à rien. Il roule, comme une boule de neige, de plus en plus vite. Il crie, appelle son nouvel ami à l'aide. Hélas ! Carrendule ne peut pas aller aussi vite que lui. Il a beau tenter de le suivre, de le rattraper, ses gros pieds carrés marchent trop lentement.

Au bout d'un temps qui lui semble très long, Bouly est arrêté par quelque chose de léger, souple, plutôt mou, plutôt doux, et qui met fin à sa course.
Ouf ! Il est arrivé. Mais où ?
Il essaie de reprendre ses esprits, se frotte les yeux, semble perdu. Qu'est-ce que c'est que tous ces carrés blancs suspendus à des fils ?

reprendre ses esprits : se remettre d'une forte émotion

« Hou hou ! s'écrie Carrendule enfin parvenu au bas de la rue. Où es-tu, Bouly ? Réponds-moi !

– Je suis là, dans les carrés blancs ! Je suis perdu !

– Ah tu es dans le jardin de l'hôtel ! Ce sont des draps qui sèchent ! Heureusement qu'ils étaient là pour adoucir ta chute.

– Mais je ne te vois pas. Comment on sort d'ici ?

– Coucou, je suis de ce côté !... Non, je suis par là ! »

C'est un autre jeu qui commence : une partie de cache-cache endiablée. Les deux copains essaient de se retrouver, dissimulés entre les rangées de draps.

endiablé : très rapide

dissimulé : caché

« Au secours ! J'ai vu un fantôme ! hurle Carrendule en apercevant une forme blanche arrondie qui se faufile entre les piquets.
– Ah, ah, je t'ai eu ! » s'écrie Bouly dans un éclat de rire, en arrachant le tissu blanc dans lequel il s'était enveloppé.

se faufiler : se glisser adroitement

C'est bien de s'amuser, mais cela donne faim. Il est grand temps de prendre un petit goûter.

Bouly ouvre une poche cachée sur son ventre rond et en sort une jolie pomme rouge, toute ronde, tandis que Carrendule attrape au fond de son sac à dos des biscuits carrés fourrés à la confiture.
Ils se regardent manger leurs drôles de choses rondes et carrées.
Quand il a terminé sa pomme, Bouly plonge à nouveau sa main au fond de sa poche et en retire une poignée de bonbons ronds, de toutes les couleurs.

fourré : rempli

« Tu veux goûter ? Tu verras : c'est trop bon ! Les rouges sont à la cerise ; ce sont mes préférés !
– D'accord, répond Carrendule. En échange, prends ça, dit-il en découpant une plaque de chocolat en carrés. Je crois que tu vas aimer. »

Ils dégustent leurs friandises, assis par terre, l'un à côté de l'autre, pour se reposer un peu.

déguster : manger avec plaisir

Mais tout à coup, un sifflement se fait entendre dans le ciel, qui attire leur attention. De quoi s'agit-il donc ?
Voilà encore quelque chose de différent !
Carrendule essuie ses lunettes carrées. Bouly nettoie ses lunettes rondes. Et que voient-ils arriver à l'horizon ? Une nouvelle forme inconnue, tout à fait extraordinaire. Ce n'est pas un carré, ni un rond…

« Je crois… oui, je crois que c'est un losange, dit Bouly. Je n'en ai jamais vu, mais ma grand-mère m'a raconté un jour une histoire de cerf-volant qui se promenait dans le ciel et qui avait cette forme-là. Oui, ce doit être un cerf-volant.

– Un losange, répète Carrendule l'air perplexe… oui, c'est sûrement un losange ! Allons voir ! »

perplexe : qui ne sait que penser

Corinne ALBAUT

L'Anniversaire de Caroline

Illustré par Ghyslaine Vaysset

Personnages : quatre enfants et une maman.
Lieux : une cour de récréation, puis un salon.
Accessoires : un fauteuil, des cadeaux (T-shirt, CD, bijoux fantaisie), des décorations et un buffet d'anniversaire.

ACTE 1

Quatre enfants sont en train de discuter dans une cour de récréation.

discuter : parler ensemble

MARTIN

Alors, Caroline, on est le combien aujourd'hui ?

CAROLINE

Je sais : on est le 10 !

MEDHI

Et si on est le 10, c'est que le 14 n'est pas loin…

BARBARA

Et le 14, c'est le jour de ton anniversaire, O.K. !

O.K. : d'accord

CAROLINE

Oui, c'est mon anniversaire, et alors ?

MARTIN

Alors, alors, on a tous fait des fêtes pour nos anniversaires !

MEDHI *(à Martin)*

Même que toi tu avais préparé une pêche aux glaçons dans ta baignoire. Qu'est-ce que c'était marrant !

marrant : amusant *(langage familier)*

BARBARA *(à Medhi)*

Et toi, Medhi, tu te rappelles tes gâteaux ? Tu les avais faits toi-même…

MEDHI

Oui, je sais : sur les trois, il y en avait un de raté. Vous n'allez pas me le répéter jusqu'à l'année prochaine !

raté : qui n'est pas réussi

MARTIN

Bon, revenons à toi, Caroline. C'est ton tour. Quand est-ce que tu fais ta fête ?

CAROLINE *(l'air gênée)*

Ben , euh… c'est que…

gêné : embarrassé, mal à l'aise

BARBARA

Ça veut dire quoi tout ça ? Tu ne veux pas nous inviter ?

inviter : faire venir chez soi

CAROLINE

Si, bien sûr, mais en ce moment ce n'est pas possible.

MEDHI

Pourquoi, vous êtes en travaux ?

MARTIN

Tes parents ne sont pas d'accord ?

CAROLINE

Je pense que si, ils seraient d'accord… enfin, il faut que je leur en parle.

BARBARA

Si tu veux, je peux t'aider à préparer le goûter.

MEDHI

On peut même tous apporter quelque chose, si c'est ça le problème.

MARTIN

Tu as seulement à nous inviter chez toi… à moins que… c'est peut-être pour ça que tu ne veux pas qu'on vienne. C'est trop petit chez toi… tu n'as pas ta chambre ?

à moins que : sauf si

CAROLINE

Oh si, on a une grande maison…

MEDHI

Alors c'est que tu ne nous aimes pas. Bouhouhou…

CAROLINE

Mais si, je vous aime, idiots !

BARBARA

Allez, arrête de te faire prier et organise-nous quelque chose de sympa pour mercredi prochain, d'accord !

se faire prier : accepter avec difficulté quelque chose

sympa : agréable *(abréviation de* sympathique*)*

La cloche de la récréation sonne et ils sortent de scène.

ACTE 2

Martin, Medhi et Barbara se retrouvent, sans Caroline.

MARTIN

Je me demande bien ce qu'elle a, Caroline. On dirait qu'elle nous cache quelque chose.

MEDHI

Comme si elle avait un secret.

BARBARA

Oui, et ce n'est pas drôle du tout !

MEDHI

Ah bon, tu sais quelque chose ?

BARBARA

Hier, j'ai bien vu que l'idée de cette fête l'ennuyait beaucoup. Je ne comprenais pas pourquoi. On est quand même copains tous les quatre !

ennuyer : ne pas faire plaisir, causer des soucis

MARTIN

Et alors, tu lui as parlé ?

BARBARA

Oui, je suis rentrée de l'école avec elle. Je lui ai demandé ce qui n'allait pas. Et alors, elle s'est mise à pleurer. Je ne savais plus quoi faire. On s'est assises un moment sur un banc du square, le temps qu'elle se calme.

un square : un jardin public

Elle m'a dit qu'elle ne pouvait pas rentrer chez elle avec les yeux rouges.

MEDHI

Elle t'a dit pourquoi elle pleurait ?

BARBARA

Oui, au bout d'un moment. Elle m'a tout expliqué.

MARTIN

Elle t'a expliqué quoi ? Vas-y, dis-nous.

BARBARA

C'est que… enfin, c'est sa maman… c'est terrible…

MEDHI

Qu'est-ce qu'elle a, sa maman ?

BARBARA
Elle est… elle est **handicapée**…

handicapé : atteint d'une grave difficulté physique (ou mentale)

MARTIN ET MEDHI

Quoi ?

BARBARA

Elle est dans un fauteuil roulant. Elle a eu un accident de voiture quand Caroline était toute petite. Elle a failli mourir. Et maintenant, elle ne peut plus marcher.

faillir : manquer

MEDHI

Ben, dis donc…

MARTIN

Ça alors, c'est un sale truc !

MEDHI

J'aurais jamais imaginé !

MARTIN

C'est pour ça qu'on ne l'a jamais vue, sa maman.

BARBARA

Et c'est pour ça qu'elle n'ose pas nous inviter chez elle. Elle est gênée.

MEDHI

Moi, je serais peut-être comme elle !

MARTIN

Moi aussi. Mais je trouve que ce n'est pas bien. Qu'est-ce qu'elle doit être malheureuse !

BARBARA

Oui, elle est malheureuse. Mais pas tellement parce que sa maman ne peut pas marcher. Il paraît qu'elle se débrouille très bien avec son fauteuil. Ce qui ennuie le plus Caroline, c'est de garder ce secret pour elle toute seule.

se débrouiller : faire des choses sans l'aide de personne, se tirer d'affaire tout seul

MEDHI

Il faut qu'on lui en parle ! On ne peut pas la laisser comme ça !

MARTIN

Après tout, le plus dur, c'est de le dire. Maintenant qu'on est au courant, ce sera plus simple.

le plus dur : le plus difficile

BARBARA
Tiens, la voilà ! Alors, on en parle ?

Martin et Medhi font signe que oui.

ACTE 3

Martin, Medhi et Barbara arrivent chez Caroline, avec des cadeaux à la main. La pièce est décorée de guirlandes, de fleurs. Une table est préparée avec un goûter, des gâteaux, des fruits, des bonbons. Une dame qui a l'air très gaie est assise dans un fauteuil.

d'un ton un peu forcé : en se forçant pour parler joyeusement

MARTIN *(d'un ton un peu forcé)*
Salut, Caro ! Bon anniversaire !

MEDHI
Pareil ! Voici ton cadeau ! C'est… non, je ne te le dirai pas !

BARBARA

Bon anniversaire, ma Caro. Tu connais mon cadeau puisqu'on l'a choisi ensemble !

CAROLINE

Merci, merci à tous. Merci pour vos cadeaux, et surtout merci d'être venus.

Elle se tourne vers sa maman.

Maman, voici mes meilleurs amis : Barbara, Martin et Medhi.

ENSEMBLE

Bonjour, Madame !

Ils vont l'embrasser.

Caroline défait ses paquets. Elle découvre des CD, un T-shirt et des bijoux fantaisie de son amie.

CAROLINE

Regarde, maman, comme je suis gâtée. Que des trucs super ! Merci, les amis !

être gâté : recevoir beaucoup de choses qui font plaisir

LA MAMAN

Moi aussi je vous remercie tous les trois d'être venus. Je sais à quel point ça a été difficile pour Caroline de vous parler. Mais c'est formidable qu'elle l'ait fait. Et vous voyez : je suis une maman presque comme les autres. On a préparé le goûter ensemble, on a décoré le salon ensemble, et aussi sa chambre que vous verrez tout à l'heure. Mais maintenant, je vais vous laisser vous amuser entre vous !

CAROLINE

Maman, est-ce que je peux te demander… enfin, est-ce que tu voudrais bien nous raconter ton histoire de Croq-chat-poil ?

MARTIN

Croq-chat quoi ?

BARBARA

Oh oui, moi j'adore ça, les histoires !

MEDHI

Ça parle de quoi?

CAROLINE

C'est une histoire que maman a inventée. Elle en invente plein. Et elle les raconte trop bien !

inventé : imaginé

MARTIN

Ça alors ! pourquoi tu n'en as pas parlé à l'école ? La maîtresse a demandé s'il y avait des parents qui pourraient venir dans la classe…

MEDHI

Justement pour lire des livres ou raconter des trucs…

BARBARA

Moi je sais pourquoi elle ne l'a pas fait, mais il me semble que, maintenant, elle peut le dire.

il me semble : j'ai l'impression

LA MAMAN

Raconter des histoires à l'école ? Ça me plairait beaucoup… si Caroline est d'accord.

CAROLINE

Je crois que je suis d'accord, maman.

(Aux trois autres :)

Et vous allez voir comment elle raconte et les idées qu'elle trouve dans sa tête, c'est génial. Allez, maman, raconte-nous Croq-chat-poil !

génial : formidable, extraordinaire

Les quatre enfants s'assoient autour de la maman de Caroline qui commence à raconter :

LA MAMAN

« Il était une fois un chat énorme et féroce presque comme un tigre. Il terrorisait tout le monde, mais il avait peur des souris… »

terroriser : faire très peur

Table

Si tu as aimé ***Roberto le Gitan***, tu aimeras aussi :

Le Cirque
de France Bonneton
Hachette Jeunesse

Un ouvrage avec des images en 3D, pour découvrir de manière originale l'histoire et les coulisses du cirque. Prends ton masque et entre dans l'univers des acrobates, des dompteurs, des trapézistes…

Si tu as aimé les ***Comptines***, tu aimeras aussi :

Ce que Thomas voit
de Christian Merveille
Magnard Jeunesse

Ce que Thomas voit, personne ne le voit. Et ce que ses yeux ne voient pas, il se l'imagine… Un voyage poétique dans l'imaginaire d'un petit garçon aveugle.

Si tu as aimé ***Carréville***, tu aimeras aussi :

Ça mange quoi un dragon ?
d'Yves-Marie Clément
Dans *Le Bibliobus CP/CE1 n°13* – Hachette Éducation

Le nouveau voisin a un nom bizarre, Varan de Komodo. Il a aussi de très grandes dents. Et il préfère la chair fraîche aux gâteaux. Est-il aussi méchant qu'il en a l'air ?

Si tu as aimé ***L'Anniversaire de Caroline***, tu aimeras aussi :

Alice sourit
de Jeanne Willis et Tony Ross
Folio Benjamin

Alice est une petite fille qui ressemble aux autres enfants de son âge. Elle rit, danse, nage, boude ou se met en colère, comme les autres. Pourtant, elle n'est pas tout à fait comme les autres…

Achevé d'imprimer en Italie par Stige
Dépôt légal : Decembre 2007 - Collection n° 73 - Edition n° 01
11/7389/7